AUFRUF
ZUR
GRÜNDUNG EINES VEREINS
FÜR
SOZIALPOLITIK.

Die Eisenacher Versammlung vom 7. October 1872 zur Besprechung der sozialen Frage hat den unterzeichneten Ausschuss beauftragt, in diesem Jahre eine Zusammenkunft in gleichem Sinne zu berufen.

Für unsere Auffassung der sozialen Zustände beziehen wir uns auf die gedruckten Verhandlungen der vorjährigen Versammlung. (Verhandlungen der Eisenacher Versammlung etc., Leipzig 1873.)

Aus der Gesammtheit der mehr oder weniger berechtigten Versuche zur Weiterbildung der heutigen Erwerbsgesellschaft tritt zur Zeit der Streit zwischen Kapital und Arbeit gefahrdrohend hervor. Wir sind der Ansicht, dass hier für Staat und Gesellschaft dringende Aufgaben der friedlichen Reform vorliegen.

Zunächst wird es darauf ankommen, die Verhältnisse der Arbeiter und deren Beziehungen zu den Arbeitgebern aufzuklären, die Erfordernisse genossenschaftlicher Bildungen festzustellen, ihre gedeihliche Entwickelung zu unterstützen und jede Verständigung der streitenden Parteien zu fördern.

In gleicher Weise sollen die übrigen socialen und ökonomischen Probleme der Zeit, wie Gesundheits- und Unterrichtswesen, Verkehrs-, Actien- und Steuerwesen in Betracht gezogen werden.

Wir sind der Ueberzeugung, dass das unbeschränkte Walten theilweis entgegengesetzter und ungleich starker Einzelinteressen das Wohl der Gesammtheit nicht verbürgt, dass vielmehr die Forderungen des Gemeinsinns und der Humanität auch im wirthschaftlichen Leben ihre Geltung behaupten müssen, und dass das wohlerwogene Eingreifen des Staates zum Schutz der berechtigten Interessen aller Betheiligten zeitig wachzurufen ist.

Diese staatliche Fürsorge sehen wir nicht als Nothbehelf oder als unvermeidliches Uebel an, sondern als Erfüllung einer der höchsten Aufgaben unserer Zeit und unserer Nation. In ernster Durchführung dieser Aufgaben wird sich der Egoismus des Einzelnen und das nächste Interesse der Klassen der dauernden und höheren Bestimmung des Ganzen unterordnen.

Wir glauben, dass ein regelmässiger Gedankenaustausch zwischen Arbeitgebern und Arbeitern, Männern der Theorie und Praxis, wesentlich zu einer Verständigung beitragen wird, und fordern die früheren Theilnehmer und alle Gesinnungsgenossen, insbesondere auch Verwaltungsbeamte zum Eintritt in den zu gründenden Verein auf.

Berlin, den 31. Mai 1873.

Der Ausschuss.

STATUTEN
des
VEREINS FÜR SOCIALPOLITIK.
OCTOBER 1873.

Bezugnehmend auf den Aufruf vom 31. Mai 1873 giebt sich der Verein für Socialpolitik folgende Organisation:

§ 1. Die Leitung des Vereins liegt einem ständigen Ausschusse ob.

§ 2. Der ständige Ausschuss setzt sich aus 24 für diesen Zweck erwählten Mitgliedern zusammen, welche so lange fungiren, bis sie durch neue Wahlen ersetzt sind. In der Regel sollen jährlich 12 nach dem Alter der Wahl, event. durch das Loos ausscheiden. Für die erste Wahl reduzirt sich der bestehende Ausschuss durch Ausloosung auf die Zahl von 12 Mitgliedern. Die Wiederwahl ist zulässig.

§ 3. Die Wahl der Ausschussmitglieder erfolgt am Schlusse der Jahresversammlung durch Stimmzettel, welche von den in der Versammlung gegenwärtigen Vereinsmitgliedern einer dazu vom Vorsitzenden zu bezeichnenden Wahlcommission übergeben werden. Die auf jedem Stimmzettel Zuerstgenannten bis zu der Zahl der zu wählenden Ausschussmitglieder werden als die vom Wähler Gewählten betrachtet, und diejenigen gelten als in den Ausschuss gewählt, welche die meisten Stimmen auf sich vereinigt haben.

§ 4. Der Ausschuss ist befugt, 12 weitere vollberechtigte Ausschussmitglieder zu cooptiren, deren Mitgliedschaft bis zur Neuwahl in der nächsten Generalversammlung dauert.

§ 5. Der Ausschuss erwählt seinen Vorsitzenden und Schriftführer, sowie deren Vertreter, ebenso einen Schatzmeister, welcher jährlich einen Cassenabschluss vorzulegen hat und dessen Casse und Rechnungslegung durch Ausschussmitglieder zu revidiren sind.

§ 6. Der Ausschuss hat seinen Sitz am Wohnort des Schriftführers.

§ 7. Zur Gültigkeit der Beschlüsse des Ausschusses ist die Einladung sämmtlicher Mitglieder erforderlich.

§ 8. Der Ausschuss hat für die Ausführung der von der Vereinsversammlung gefassten Beschlüsse zu sorgen, nach eigenem Ermessen den Druck der Protokolle und Vorlagen zu veranlassen, die Vertheilung der Drucksachen an die Mitglieder zu bewirken und die Acten und Schriftstücke des Vereins zu bewahren.

§ 9. Er bestimmt Zeit und Ort der nächsten Vereinsversammlung, trifft die für dieselbe nöthigen Vorbereitungen, erlässt die erforderlichen Einladungen, stellt die vorläufige Tagesordnung auf, bestimmt namentlich die zur Verhandlung kommenden Fragen und bereitet die Verhandlung durch Ernennung von Referenten, und soweit möglich, durch gedruckte Referate, Gutachten oder Vorschläge vor.

§ 10. Der Vorsitzende der Generalversammlung wird von den in der jedesmaligen Versammlung anwesenden Vereinsmitgliedern durch Stimmenmehrheit erwählt. Derselbe ernennt seine Stellvertreter und das Bureau.

§ 11. Nur eine vom Ausschuss berufene Versammlung hat die in §§ 3 und 10 gedachten Wahlbefugnisse.

§ 12. Eine Erklärung, mit welcher der Verein oder der Ausschuss vor die Oeffentlichkeit treten soll, muss 8 Tage vorher zur Abgabe eines etwanigen Dissenses sämmtlichen Ausschussmitgliedern zugestellt werden.

§ 13. Die Zulassung als Mitglied des Vereins erfolgt durch schriftliche Anmeldung beim Schriftführer oder Schatzmeister. Die Mitgliedschaft beginnt mit dem Empfange der Mitgliedskarte. Diese berechtigt zur Theilnahme an den Verhandlungen und Abstimmungen.

§ 14. Bei allen Beschlüssen der Versammlung wie des Ausschusses entscheidet die einfache Mehrheit der anwesenden Mitglieder, bei Stimmengleichheit der Vorsitzende; bei allen Wahlen entscheidet, soweit nichts anderes bestimmt ist, relative Majorität und im Falle der Stimmengleichheit das Loos.

§ 15. Wird bei den Verhandlungen Schluss der Debatte beantragt, so wird über diesen Antrag sofort abgestimmt. Mit Ausnahme des Antrages auf Schluss, sind in den Vereinsversammlungen alle Anträge schriftlich zu stellen.

§ 16. Der Beitrag der Vereinsmitglieder beträgt 10 Mark jährlich und ist innerhalb 4 Wochen nach Beginn des neuen Jahres zu entrichten, widrigenfalls derselbe durch Postvorschuss eingezogen wird. Nimmt ein Mitglied den mit Postvorschuss beschwerten Brief nicht an, so wird dies einer ausdrücklichen Austrittserklärung gleichgeachtet. Der Beitrag von 10 Mark berechtigt zur Empfangnahme der Drucksachen des Vereins. Eine einmalige Zahlung von 300 Mark oder mehr erwirbt die dauernde Mitgliedschaft. Für die Theilnahme an der Generalversammlung kann ein besonderer Beitrag zur Bestreitung der Lokalkosten durch Beschluss des Ausschusses erhoben werden.

§ 17. An den Verhandlungen nehmen nur die Mitglieder, und als Zuhörer nur Diejenigen Theil, welchen der Präsident den Eintritt gestattet.

§ 18. Abänderungen des Statuts oder der Geschäftsordnung können von der Vereinsversammlung durch einfache Stimmenmehrheit, jedoch nur auf schriftlichen, dem Vorsitzenden oder Schriftführer vier Wochen vor der Zusammenkunft des Vereins übergebenen Antrag beschlossen werden, welcher von diesen den Ausschussmitgliedern mindestens 8 Tage vor der Versammlung bekannt zu machen ist.

Eisenach, den 13. October 1873.

Der Ausschuss
des
VEREINS FÜR SOCIALPOLITIK
für das Vereinsjahr 1873/1874

besteht aus folgenden Herren:

Bacmeister (Eisenach). Staatsrath **Bitzer** (Stuttgart). **Borchert** jun. (Berlin). Dr. **Brentano** (Breslau). Franz **Duncker** (Berlin). Dr. **Eckardt** (Hamburg). Dr. **Engel** (Berlin). **Geibel** jun. (Leipzig). Dr. **Gneist** (Berlin). Dr. v. d. **Goltz** (Königsberg). Dr. **Held** (Bonn). Dr. **Hildebrand** (Jena). Dr. **Max Hirsch** (Berlin). Dr. von **Holtzendorff** (München). **Janson** (Berlin). Dr. **Knapp** (Leipzig). Dr. **Knies** (Heidelberg). Dr. **Löwe-Calbe** (Berlin). Dr. **Mithoff** (Dorpat). Dr. **Nasse** (Bonn). Dr. **Neumann** (Freiburg i. Br.). Freiherr von **Roggenbach** (Carlsruhe). Dr. **Roscher** (Leipzig). Dr. **Schmoller** (Strassburg i. E.). Handelskammer-Secretär J. **Schulze** (Mainz). **Sombart** (Ermsleben). Dr. von **Sybel** (Bonn). Landrath **Tiedemann** (Mettmann a. Rh.). Dr. **A. Wagner** (Berlin).

Beitrittserklärungen, resp. Geldsendungen wolle man adressiren an:

Herrn Carl Geibel jun. (in Firma Duncker & Humblot)
in **LEIPZIG**, Dresdnerstrasse 28.

Zur Reform Deutscher Fabrikgesetzgebung.

Vortrag

gehalten zu Eisenach im Verein für Socialpolitik

am 12. October 1873

von

Dr. Fr. J. Neumann,
Professor in Freiburg im Breisgau.

Leipzig,
Verlag von Duncker & Humblot.
1874.

Alle Rechte vorbehalten.
Die Verlagshandlung.

Vorwort.

Der folgende Vortrag, welcher in der Versammlung des Vereins für Socialpolitik am 12. Oktober d. J. in Eisenach gehalten wurde, enthält eine kurze Skizze der auf denselben Gegenstand bezüglichen eingehenderen Ausführungen der Schrift: „Die deutsche Fabrikgesetzgebung und die betreffs derselben zu veranstaltende Enquête" (Jena 1873), unterscheidet sich jedoch von jener dadurch, daß in ihm größeres Gewicht auf die Erörterung der principiellen Frage gelegt ist, ob überhaupt eine Reform der Gesetzgebung wünschenswerth ist, nach welcher erwachsene männliche Arbeiter in ihrem Verhältniß zu den Arbeitgebern schützenden und damit zugleich beschränkenden Bestimmungen unterstellt werden.

Zugleich konnte auf Grund später erhaltener Nachrichten Einiges nachgetragen, Anderes modificirt werden. —

Die am Schlusse des Vortrags wiedergegebenen Anträge wurden nach einer Debatte, die sich vorzugsweise auf die schwierige Frage bezog, ob die anzustellende Enquête sich zugleich auf die Hausindustrie erstrecken solle — mit der Maßgabe angenommen, daß beschlossen wurde, zu Nr. 3 statt „Fabriken" — „gewerbliche Anlagen" zu sagen, und zu Nr. 2 den Wunsch auszusprechen, daß auch über die Dauer der den Arbeitern gewährten Mittagspausen und „die in dieser Richtung gemachten hygienischen Erfahrungen" Untersuchungen veranstaltet würden, endlich Namens der Versammlung resp. des Vereins, eine Petition an den Reichstag richten zu lassen, welche die Anstellung einer Enquête nach den so festgestellten Grundsätzen beantragt.

Diese Petition wird dem Deutschen Reichstage bei seinem nächsten Zusammentritt von dem Ausschusse des Vereins unter Bezugnahme auf nachstehenden Vortrag und die darauf stattgehabte Debatte überreicht werden.

Freiburg, den 5. November 1873.

Fr. J. Neumann.

Hochgeehrte Versammlung!

Seitdem im Herbste vorigen Jahres hier über Reform der Fabrik=
gesetzgebung und eine darauf bezügliche Enquête verhandelt ist, hat sich die
Sachlage insofern sehr wesentlich geändert, als inzwischen auch der deutsche
Reichstag und das Reichskanzleramt die Nothwendigkeit solcher Enquête
anerkannt haben und letzteres die Ausführung derselben auf Grund eines
Promemoria der preußischen Regierung, das in seinen wesentlichen Theilen
auch in die Oeffentlichkeit gedrungen ist, bereits beim Bundesrath bean=
tragt hat.

Es scheint mir daher, zumal bei der nur knapp uns zubemessenen
Zeit, im Interesse der geehrten Versammlung zu liegen, wenn ich die=
jenigen hier in Frage stehenden Dinge, bezüglich deren schon auf der
vorjährigen Conferenz im Wesentlichen Uebereinstimmung stattfand, und
die nun auch in dem soeben gedachten Promemoria Annahme und damit
allem Erwarten nach Aussicht auf nahe Verwirklichung gefunden haben,
nur kurz berühre und allein bei hievon abweichenden Vorschlägen länger
verweile.

Desgleichen wird bei Hervorhebung der wünschenswerthen Ziele der
Enquête immer im Auge behalten werden müssen, daß es sich hier um ein
an sich schon sehr bedeutendes, großes Werk handelt und daß auf ein
freudiges und erfolgreiches Mitwirken der großen Zahl Derjenigen, deren
Kräfte hiebei in Anspruch genommen werden sollen, nur bei thunlichster
Beschränkung des Untersuchungsgebiets zu rechnen ist.

Es wird daher bei den bezüglichen Vorschlägen nicht in Frage kommen
können, was überhaupt über Fabrikarbeiterverhältnisse zu wissen wünschens=
werth ist. Sondern es wird unnachsichtlich Alles bei Seite zu setzen sein,
was sich nicht unmittelbar entweder auf die Constatirung des Umfangs

der bisherigen Ausführung der bestehenden Vorschriften oder aber auf die Realisirung solcher Reformvorschläge bezieht, deren Durchführung an sich in nächster Zeit für möglich gehalten werden darf, und die sich nicht zugleich als überflüssig ergeben möchten, wenn erst die wirkliche Ausführung jener Vorschriften gesichert ist. —

Wende ich mich danach den einzelnen Objekten der zu veranstaltenden Enquête zu, so kommt zunächst in Betracht das im §. 128 der G.-O. ausgesprochene Verbot „regelmäßiger Beschäftigung" von Kindern unter 12 Jahren.

Mit Bezug hierauf wird einmal zu constatiren sein,

in welchem Umfange diesem — bekanntlich nicht überall befolgten — Verbote genügt wird,

welches die hauptsächlichsten Ursachen seiner Uebertretung sind,

wie weit Mangel an Aufsicht hierbei eine Rolle spielt, und

wie weit nach dem im vorigen Jahr hier schon Erörterten die Worte „regelmäßige Beschäftigung" im Gesetz Veranlassung zur Umgehung desselben und daher zu ändern sind.

Daneben aber wird — was die Reform betrifft — sorgfältigst zu prüfen sein, ob nicht eine Ausdehnung jenes Verbots auf Kinder über 12 Jahre nützlich und durchführbar ist.

Ja, ich halte diese Aufgabe für eine der wesentlichsten der Enquête und glaube diesen Gegenstand der geehrten Versammlung nicht warm genug an's Herz legen zu können.

In einer Zeit des sich steigernden Gegensatzes und Interessenkampfes zwischen Besitz und Nichtbesitz und der anscheinend ebenfalls sich steigernden Ungleichheit der Mittel, diesen Kampf zu führen, muß meines Dafürhaltens mit allem Ernst danach gestrebt werden, den Nichtbesitzenden wenigstens den Bestand und die möglichste Ausbildung derjenigen Kräfte zu sichern, die ohne Rücksicht auf den Besitz die Natur ihnen in's Leben gab, und die, so zu sagen ihre einzige Wehr und Waffe in jenem Kampfe sind.

Hierfür einzutreten scheint mir geradezu eine der heiligsten Aufgaben derjenigen Macht, die die Vollstreckerin der Gerechtigkeit hier sein soll.

Mit einer regelmäßigen Beschäftigung in Fabriken verträgt sich aber ein erfolgreicher Schulunterricht, der auch den körperlichen Kräften den nothwendigen Spielraum zur Entwicklung lassen soll, auf die Dauer nicht. Und wenn gegentheilige Behauptungen, namentlich in England — wo die Kinder bekanntlich schon vom vollendeten achten Jahre ab beschäftigt werden dürfen — laut geworden sind, so lassen sich diese meines Dafürhaltens durch eine stattliche Fülle von Nachweisen aus jenen Ländern widerlegen, in denen man es seit langer Zeit mit dem Schutz und dem Unterricht der Jugend ernst genommen hat.

Um nur ein Beispiel anzuführen, so ist vielleicht die eingehendste Fabrikenquête, die überhaupt je in einem Lande stattgehabt hat, die Thurgauer von 1867 gewesen. Bei dieser wurden über die hier in Rede stehende Frage die Lehrer, Schulvorstände, Kirchenvorstände und Geistlichen vernommen. Und der amtliche Bericht constatirt, daß — so sehr im Einzelnen die Ansichten dieser auseinander gingen, doch von allen einstimmig „die Fabrikarbeit der Kinder am gleichen Tage an denen ihnen der Besuch der Schule und das Arbeiten für die Schule obliege, als tiefgreifender Uebelstand verurtheilt" sei. Aehnliche Ergebnisse liegen aus Basel-Land und -Stadt vor u. s. w.

Insbesondere in der Schweiz ist man deshalb auch in neuerer Zeit immer mehr dahin geführt worden, die Altersgränze von 12 Jahren durch ein späteres Normaljahr zu ersetzen. Und es läßt sich auf dieser Bahn gerade in der Gegenwart deutlich ein stetiges Fortschreiten erkennen.

Im Canton St. Gallen ist schon im Jahre 1853, im Aargau 1862, in Basel 1869, in Glarus mit dem Mai dieses Jahres allen Kindern unter 13 Jahren die Fabrikarbeit untersagt. Ja, in Basel dürfen, wie seit Alters in Graubünden, der Regel nach nur Kinder von 14 Jahren und darüber beschäftigt werden. Ebendahin ging der Antrag der Thurgauer Arbeiter bei Gelegenheit der Gesetzesreform von 1867 u. s. w.

Auch fehlt es nicht an bezüglichen Anregungen in Deutschland. Von Vertretern der Arbeiter wurde bekanntlich schon bei den Verhandlungen über Erlaß der deutschen Gewerbeordnung der Ausschluß aller unter 14 jährigen Kinder beim Norddeutschen Reichstag lebhaft befürwortet, eben so z. B. schon 1867 bei der Sächsischen Regierung vom Leipziger Arbeiterbildungsverein. Und eine eben hierauf gehende Resolution ist nun kürzlich auch von den Vertretern der deutschen Gewerkvereine auf dem zweiten Verbandstage desselben im April d. J. einstimmig gefaßt worden. Desgleichen hat in Baden schon 1869 die erste Kammer einen Antrag auf Ausschließung aller Kinder unter 14 Jahren aus den Fabriken zum Beschluß erhoben, doch scheiterte die Ausführung desselben an dem Widerstand der zweiten Kammer.

Es ist ja auch nicht zu verkennen, daß der Ausführung einer derartigen Reform manche Schwierigkeiten entgegenstehen — sowohl für den Fortgang der Industrie im Verhältniß zum konkurrirenden Ausland, als für die betheiligten Familien, die in den Kindern bisher ihre Ernährer gefunden haben.

Indessen überschätze man auch beides nicht! Was das Erstere betrifft, so fällt in's Gewicht, daß thatsächlich schon gegenwärtig in Deutschland, in einigen sehr industriereichen Gegenden z. B. der Rheinprovinz und Schlesiens die Beschäftigung 12—14 jähriger Kinder eine geringe ist. So habe ich z. B. Einsicht gehabt in einen Bericht der Handelskammer zu Gladbach vom Herbste vorigen Jahres, in dem es heißt, daß bei der im Bezirke dieser Kammer lebhaft betriebenen Textilindustrie Kinder jener Altersklassen nur ausnahmsweise Verwendung fänden, weil — so wird ausgeführt — die Schulpfleger die schriftliche Entlassung aus der Schule nur in den seltensten Fällen vor zurückgelegtem 14. Lebensjahr ertheilen, und ohne solchen Schein auf den Polizeiämtern keine Arbeitsbücher für die Kinder ausgestellt werden.

Noch mehr dürfte von Erheblichkeit sein, daß ja nach dem Gesagten in der Schweiz der Ausschluß aller Kinder unter 13 resp. 14 Jahren thatsächlich möglich gewesen ist, und daß er sich auch so gut dort bewährt hat, daß ein Canton dem andern hierin folgt und von Rückschritten auf diesem Gebiete oder auch nur von Wünschen nach solchen nichts zu hören ist.

Wenn das dort möglich war, wenn so kleine Cantone, wie Glarus, Basel, Aargau u. s. w. derartiges durchzuführen vermochten, ohne ihre relativ sehr umfangreiche Textilindustrie der Konkurrenz des Auslandes gegenüber zu schädigen, so wird bei vorsichtigem Vorgehen das Gleiche sicherlich auch für die Industrie des ganzen deutschen Reiches durchführbar sein, der daraus natürlich weniger Gefahren erwachsen können, als z. B. die Basler Industrie zu fürchten hatte, da sie im eigenen kleinen Gebiet die Arbeit unter 14 jähriger ausschloß, während vor allen Thoren der Stadt, auf badischer Seite im Wiesenthal, wie vor den südlichen Thoren im Baselland und ebenso im Westen, in Elsaß und Frankreich Kinder noch bis zum 12., 10., ja in Elsaß und Frankreich bis zum vollendeten 8. Jahre herab beschäftigt werden durften.

Ernster werden die Schwierigkeiten für die Familien sein, die in den Kindern bisher eine Erwerbsquelle gehabt haben. Daß indessen auch diese Schwierigkeiten bei allmäligem schrittweisem Vorgehen vom 12. zum 13. und 14. Jahr ebenso zu überwinden sein werden, als es in früherer Zeit, trotz aller dagegen erhobenen Widersprüche möglich war, das Normaljahr z. B. in Preußen vom 9. zum 10., 11. und 12. Jahr zu erhöhen — dafür darf man sich, außer auf das Beispiel der Schweiz, wo die bezüglichen Uebergangsbedingungen nicht erheblich günstiger gestanden haben, als diesseits, wohl auch darauf beziehen, daß, wie schon bemerkt ist, grade unter den deutschen Arbeitern selbst der Wunsch nach Ausschluß aller Kinder unter 14 Jahren ein sehr weit verbreiteter und lebhafter ist.

Jedenfalls wird also zu prüfen sein, ob eine solche Erhöhung des Normaljahres thunlich ist und in welchen Fristen. —

Wende ich mich danach zu den Vorschriften betreffend die Beschränkung der Arbeit jugendlicher Personen, so sind diese nach der deutschen Gewerbeordnung bekanntlich zweierlei Art, theils allgemeine für alle Personen unter 16 Jahren, theils besondere je nach den Altersklassen.

Jene gehen dahin, daß wer unter 16 Jahre alt ist, weder an Sonn- und Feiertagen noch des Nachts arbeiten darf, und auch am Tage nur von $5^1/_2$ Uhr Morgens bis $8^1/_2$ Uhr Abends und bei Gewährung gewisser Pausen: eine Stunde Mittags und je eine halbe Stunde Vor- und Nachmittags, ferner, daß von der Beschäftigung dieser Arbeiter gewisse Anzeigen zu machen, über sie Listen und Arbeitsbücher zu führen sind u. s. w.

Nach den gedachten besonderen Beschränkungen aber dürfen
Kinder von 14—16 Jahren höchstens 10, und
„ „ 12—14 „ „ 6
Stunden täglich arbeiten und auch letzteres nur bei Nachweis eines mindestens dreistündigen täglichen Schulunterrichts.

Bezüglich aller dieser Bestimmungen wird es Aufgabe der Enquête sein müssen, zunächst wieder festzustellen, in welchem Umfange dieselben zur Ausführung gebracht werden, und welches die Gründe der Nichtausführung sind.

Denn wie schon im vorigen Jahre an dieser Stelle — ohne daß sich bisher ein Widerspruch dagegen erhoben hätte — ausgeführt ist und wie leicht mit weiteren Nachweisen zu belegen wäre, werden in Nord- und Süd-, Ost- und Westdeutschland jene Bestimmungen in weitem Umfange nicht befolgt, ja es läßt sich bezüglich einiger derselben, insbesondere derjenigen, welche für die 14—16jährigen Arbeiter eine höchstens 10 stündige Arbeitszeit vorschreiben, die Nichtbefolgung geradezu als Regel hinstellen. Ehe aber nicht konstatirt ist, in welchem Umfange diese Nichtbefolgung wirklich stattfindet, ist auch das Maaß der Reformbedürftigkeit des Gesetzes nicht zu erkennen. Ehe z. B. nicht festgestellt ist, ob den jugendlichen Arbeitern die vorhin erwähnten, vorgeschriebenen Arbeitspausen gewährt werden, ist nicht zu übersehen, ob jene Vorschriften genügen, diese Personen von der ihnen nachtheiligen Bergwerksarbeit auszuschließen, mit der sich solche Pausen kaum vertragen; ehe nicht feststeht, ob 14—16 jährige Personen nur höchstens 10 Stunden arbeiten, wie Vorschrift ist, kann nicht beurtheilt werden, ob es für die über 16 Jahre alten weiblichen Arbeiter ähnlicher Bestimmungen bedarf, oder aber der Schutz der Letzteren sich bei dem Conner, in dem die einzelnen Thätigkeiten in den Fabriken miteinander stehen, aus jener Vorschrift von selbst ergeben wird u. s. w.

Auch ist nicht unerheblich, daß nachdem in neuester Zeit wiederholt strenge Erlasse zur Ueberwachung der Ausführung der bezüglichen Vorschriften ergangen sind, der durch die Enquête zu erbringende positive Beweis ausgedehntester Nichtausführung jedenfalls ein wichtiger Beleg dafür sein wird, daß die jetzt mit dieser Ueberwachung betrauten Behörden diesem Zweck nicht genügen, und ihre Ersetzung durch andere Organe, Fabrikinspektoren oder -inspektionskommissionen, nothwendig ist.

Eine Enquête über die Durchführung jener Bestimmungen scheint mir deshalb von großer Wichtigkeit.

Was aber die Reform derselben betrifft, so würde die Aufmerksamkeit der Enquêteorgane meines Dafürhaltens insbesondere auf drei Punkte zu richten sein:

einmal darauf, ob es nicht zu leichterer Controlle der bestehenden Vorschriften, nach Analogie der bekannten englischen Bestimmungen und nach dem, was darüber schon zur vorjährigen Versammlung beigebracht ist — rathsam wäre, Anfangs- und Endezeit der Arbeit jugendlicher Personen bestimmt vorzuschreiben, eventuell auf welche Stunden diese Zeit festzusetzen wäre und ob sich nicht insbesondere bezüglich der 12—14 jährigen Arbeiter die Bestimmung empföhle, daß sie entweder nur Vor- oder nur Nachmittags beschäftigt werden dürfen, eine Notiz über die danach getroffene Wahl aber in den Arbeitsbüchern Aufnahme zu finden habe.

Sodann ist in dem schon gedachten Promemoria der preußischen Regierung, wie ich glaube, zum erstenmale darauf verwiesen, daß sehr häufig die in Akkord arbeitenden, jugendlichen Personen in den Pausen, die ihnen wie vorgeschrieben ist, vom Arbeitgeber gewährt werden, thatsächlich doch fortarbeiten, und auf diese Weise das Gesetz umgangen wird, ohne daß es nach dem Wortlaut desselben möglich wäre, dies zu hindern. Es wird daher ferner zu prüfen sein, ob solche Umgehungen häufig sind und ob danach ein Bedürfniß vorliegt, das bestehende Gesetz dahin zu ändern, daß Arbeitgeber straffällig sind, nicht nur, wenn sie die vorgeschriebenen Pausen nicht gewähren, sondern auch, wenn sie die Beschäftigung jugendlicher Personen ohne die Einhaltung dieser Pausen **dulden.**

Insbesondere aber wird es endlich Gegenstand sehr sorgfältiger Erwägung sein müssen, ob es nicht nothwendig ist, bezüglich der Beschränkung der Arbeit jugendlicher Personen **für besonders gefährliche Gewerbe** auch besondere Bestimmungen zu erlassen. Grade in dieser Beziehung unterscheidet sich das jetzige deutsche Gesetz von den ausländischen sowohl, wie von früheren inländischen sehr zu seinen Ungunsten.

Von den **englischen** Gesetzen ist es bekannt, wie sie auch auf diesem Gebiete nacheinander zur Abhülfe verschiedener Bedürfnisse erlassen sind und danach auch für die verschiedenen Gewerbe manche besondere Vorschriften enthalten.

Aehnlich ist es in der **Schweiz.** Einzelne Gewerbe sind den jugendlichen Personen ganz untersagt, für andere ist ein späteres, als das regelmäßige Normaljahr festgesetzt, und insbesondere ist vielfach bestimmt, daß wenn ein Gewerbe oder eine Beschäftigung besonders ungesund oder gefährlich erscheine, es gewissen Behörden überlassen bleibe, solche den Kindern zu verbieten.

Dieselbe Ermächtigung haben die Behörden in Frankreich nach dem Gesetz von 1841.

Verwaltungs-Reglements dürfen dort:

1) die Dauer der Kinderarbeit für gewisse Beschäftigungen beschränken,
2) das Altersjahr, unter welchem die betreffende Beschäftigung nicht stattfinden soll, erhöhen,
3) von gewissen Fabriken und
4) von gewissen Beschäftigungen die Kinder ganz ausschließen.

Und ähnliche Befugnisse hatten die **preußischen** Behörden nach den älteren preußischen Gesetzen von 1839 und 1853, denen doch das heutige deutsche Gesetz im Wesentlichen nachgebildet ist. Danach war es nämlich den ressortmäßigen Verwaltungsbehörden, den Ministerien der Medicinalangelegenheiten, der Polizei und der Finanzen vorbehalten diejenigen besonderen **sanitären, bau- und sittenpolizeilichen** Anordnungen zu erlassen, welche sie zur Erhaltung der Gesundheit und der Moralität der Fabrikarbeiter für erforderlich hielten. Und von dieser Befugniß ist in allgemeinen und besonderen Restripten vielfach Gebrauch gemacht. Wiederholt wurden die Provinzialbehörden von oben her angewiesen, sorgfältig zu erwägen, „welche Beschäftigungen für jugendliche Arbeiter überhaupt nicht geeignet sind und daher für letztere gänzlich verboten werden müssen und welche Vorsichtsmaßregeln nothwendig erscheinen, um den schädlichen Folgen zulässiger Beschäftigungen zu begegnen", wobei insbesondere auf die gefährliche Beschäftigung mit giftigen, explosibeln und viel Staub verursachenden Stoffen hingewiesen, auch z. B. allen Personen unter 16 Jahren die Bergwerksarbeit unter Tage ganz und gar untersagt wurde.

Im neuesten französischen Gesetzentwurf ist man dann bezüglich jener gefährlichen Beschäftigungen noch einen Schritt weiter gegangen und will von einer größeren Zahl derselben alle Personen von weniger als 16 Lebensjahren schon durch Gesetz ganz allgemein ausschließen, so vom Belegen von Spiegelscheiben, von der sog. trocknen Metall- und Glasschleiferei, von der Herstellung und Verwendung giftiger Stoffe, explosibler Stoffe, solcher Stoffe, denen gefährliche Gase entströmen u. s. w.

Von alle dem ist in Deutschland in dem gegenwärtigen Gesetze nicht die Rede.

Die jetzt geltende deutsche Gewerbeordnung kennt nicht nur nicht andere als die angeführten allgemeinen Schranken für die Arbeit jugendlicher Personen, sondern sie schließt sogar durch die Bestimmungen der §§. 1 und 105 jede weitere Beschränkung geradezu aus.

Es darf heute, selbst wenn die Schädlichkeit einzelner Gewerbe, wie z. B. der aus dem französischen Gesetzentwurf soeben citirten, nach so offen zu Tage liegt, ein Verbot derselben für die jugendlichen deutschen Arbeiter weder durch Reskript noch durch Landesgesetz erfolgen. Die Landes- wie die Provinzial-Regierung muß so zu sagen mit verschränkten Armen zusehen, wie die Kinder geopfert werden.

Dies aber ist, meines Dafürhaltens und wie es z. B. ganz neuerdings auch in dem verdienstlichen Werke Hirts über die Krankheiten der Arbeiter gezeigt ist, ein sehr beklagenswerther Rückschritt und Mangel des Gesetzes. Und ich halte es nach alledem daher für eine besonders wichtige Aufgabe der Enquêteorgane, anzuregen und zu prüfen,

von welchen Gewerben resp. von welchen Beschäftigungen jugendliche Personen durch Gesetz ganz auszuschließen seien,

bis zu welchem Jahr dies im Einzelnen der Fall sein müßte, und

ob es Bedürfniß sei, daneben auch den Verwaltungsbehörden die Befugniß einzuräumen, solches Verbot auf im Gesetz nicht vorgesehene Beschäftigungen in dringenden Fällen einstweilen wenigstens auszudehnen. — —

Verlasse ich damit das Gebiet der Arbeit jugendlicher Personen, so wird für das Weitere die allgemeine Frage von Wichtigkeit, ob überhaupt eine Reform erstrebenswerth ist, nach der auch erwachsene selbstständige Arbeiter bezüglich der Bedingungen der Arbeit schützenden und damit beschränkenden Bestimmungen unterworfen werden.

Mit Bezug auf die männlichen Arbeiter wird diese Frage bekanntlich noch heute sehr vielfach selbst von Solchen verneint, die im Uebrigen dem Grundsatze des laissez faire nicht huldigen, so in weitem Umfange noch auf der vorjährigen Eisenacher Versammlung, ebenso kürzlich im deutschen Reichstag bei Behandlung desjenigen Antrags, der zu dem schon erwähnten Beschlusse über Ausführung einer Fabrikgesetzenquête geführt hat.

Indessen scheint mir gerade auf diesem Gebiete das Bedürfniß zur Reform und zum weiteren Ausbau unserer Gesetzgebung besonders dringend zu sein. Ich habe daher zunächst bei jener principiellen Frage zu verweilen und muß dazu, wenn auch in Kürze, etwas weiter ausholen.

Für mich unterliegt Das keinem Zweifel: So lange noch Unternehmer ein Interesse daran haben mit möglichst geringen Kosten zu produciren, wird nicht nur bezüglich der Arbeitszeit und des Lohnes, sondern auch bezüglich mancher anderer Arbeitsbedingungen ein Interessenkampf zwischen ihnen und den Arbeitnehmern fort und fort bestehen, und in diesem Kampfe werden, in der Großindustrie wenigstens, die Arbeitnehmer im Allgemeinen nicht der günstiger situirte Theil sein. Es ist das oft gesagt: An Zahl unvergleichlich größer, ohne Vermögen und daher unmittelbar und ausschließlich auf ihrer Hände Arbeit angewiesen, ja, zumal wenn verheirathet, selten auch nur im Besitz der zu einem Umzuge erforderlichen Mittel und daher ferner angewiesen auf die beschränkte Zahl von Arbeitsgelegenheiten in ihrem Wohnorte und seiner nächsten Umgebung, sind sie vereinzelt nur zu häufig gezwungen, die Arbeitsbedingungen so zu acceptiren wie sie ihnen geboten werden.

Der Einzelne vermag den Beginn seiner Arbeit im Allgemeinen nicht davon abhängig zu machen, daß diese oder jene seiner Gesundheit schädliche Einrichtung geändert, diese oder jene für ihn nachtheilige Art der Lohnauszahlung beseitigt, diese oder jene vielleicht noch so thörichte und ehrenkränkende Bestimmung des Fabrikreglements aufgehoben werde, u. s. w., sondern er unterwirft sich eben — wie es noch in den Motiven des jetzt geltenden deutschen Gewerbegesetzes ganz treffend hieß, der bestehenden Ordnung. — Aber, wenn es dann an derselben Stelle weiter heißt: Es könne keinem Zweifel unterliegen, daß eine solche Unterwerfung unter eine Fabrikordnung durch Annahme der Arbeit nach Mittheilung jener als ein Vertrag anzusehen sei — erinnern da diese Worte nicht lebhaft an jene Worte von Engels, die er bei Schilderung der Lage der arbeitenden Classen Englands schon in der zweiten Hälfte der vierziger Jahre aussprach: „Der Fabrikant erläßt Fabrikregulative, wie er Lust hat, er ändert und macht Zusätze, wie es ihm beliebt und wenn er das tollste Zeug hineinsetzt, so sagen doch die Gerichte den Arbeitern: „Ihr wart ja Euer eigner Herr, Ihr braucht ja einen solchen Contract nicht einzugehen. Nun aber da Ihr Euch unter diesen Contract begeben habt, jetzt müßt Ihr ihn auch befolgen" u. s. w. — oder erinnern sie nicht an die Worte jenes englischen Grubenbesitzers, der zur Rede gestellt über die sehr mangelhaften Einrichtungen seiner Gruben und die durch diese verursachten zahlreichen Unglücksfälle unter den Bergleuten erwiderte: „Zwinge ich diese Leute denn zur Arbeit? Steht es nicht in ihrem Belieben, ob sie in meine Gruben einfahren wollen oder nicht?" — worauf ihm von anderer Seite erwidert werden mußte: „Allerdings steht dies in ihrem Belieben gerade so, wie es in ihrem Belieben steht, zu verhungern, wenn sie nicht hineinfahren." — —

Gegenüber so übler Lage der Arbeiter auf ein heute mehr als früher verbreitetes Wohlwollen der Arbeitgeber zu verweisen, ist offenbar ganz und gar thöricht. Denn abgesehen davon, daß nicht alle Arbeitgeber wohlwollend sind, insbesondere diejenigen nicht, die selbst nicht Fleisch und Blut sind, sondern nur juristische Personen und abgesehen ferner davon, daß, worüber zahlreiche Erfahrungen aus England und Deutschland vorliegen, der Einzelne — noch so wohlwollend — sehr wenig vermag gegenüber der mit ihm konkurrirenden Gesammtheit: so heißt es doch auch offenbar dem Geiste der Zeit geradezu in das Gesicht schlagen, wenn man die Lage jener großen Classe selbstständiger, selbstbewußter, sich rastlos emporarbeitender Leute, deren Mancher schon an Wissen wie an Thatkraft Demjenigen voransteht, dem das Geschick eine Fabrik in die Hand gespielt hat — wenn man sie, sage ich, abhängig sein lassen will von dem Wohlwollen und dem Mitleiden einer kleinen Classe Begünstigter!! —

Es bleibt also, dem Uebel abzuhelfen, nur Zweierlei: der Arbeiterverband und das Gesetz.

Die wirthschaftliche Selbstbestimmung, Selbstständigkeit und **Freiheit** der Einzelnen, der gegenüber man heute immer noch so blöde thut, muß doch zum Opfer werden, und es fragt sich nur: ob dem Verbande, ob dem Staate.

Nun hat der Verband — darüber ist kein Zweifel — Vieles erreicht und hat sicherlich auch in der Art es zu erreichen mancherlei Vorzüge vor dem Gesetze: Freiheitsbeschränkungen, die er auferlegt, werden leichter getragen, Selbsterrungenes wird besser gewürdigt, der Kampf, das Erringen selbst stählt und erzieht. Und ebenso wichtig ist, daß den besonderen Bedürfnissen und Anforderungen des einzelnen Orts und Gewerbes auf jenem Wege leichter zu genügen ist, als durch die starre Vorschrift des Gesetzes.

Aber andrerseits hat man sich doch selbst, wenn von social-demokratischen Bewegungen hier ganz und gar abgesehen wird, wohl zu hüten, jene Vorzüge zu überschätzen und insbesondere von den Gewerkvereinen nun **alles Heil** zu erwarten.

Zunächst übersehe man nicht, daß solche Kampfesorganisation, wie sie hier in Frage steht, schon einen Grad der Erkenntniß, des Gemeingeistes und der Thatkraft bei den Arbeitern voraussetzt, wie er in Deutschland an vielen Orten weder vorhanden, noch in nächster Zeit zu erwarten ist! Und ich halte es demnach zunächst für recht bedenklich, den Umstand, daß z. B. einzelne englische oder deutsche Gewerkvereine sich dieses oder jenes selbst errungen haben, der Art zu verwerthen, daß man sagt: „Der Staat darf in die Freiheit und Selbstständigkeit des erwachsenen männlichen Arbeiters nur da eingreifen, wo Privat- oder Selbsthülfe nachweislich versagt. Nun haben die Arbeiter in London, Lancashire, Berlin, Crimmitzschau oder Leipzig gezeigt daß sie im Stande sind, sich dies oder jenes selbst zu erringen, also bedarf es gesetzlichen Einschreitens nicht."

Ich sage: so zu argumentiren erscheint mir in hohem Maaße bedenklich.

Was der Eine vermag, vermag eben der Andere noch durchaus nicht. Und wenn man Das — ich möchte beinahe sagen — in doktrinärer Befangenheit übersieht, wird Manches, was an sich durchaus nothwendig und erstrebenswerth ist, noch lange auf sich warten lassen, und es wird auch noch manche Saat bittern Hasses aufgehen und wuchern, die zu verhüten besser und auch klüger gewesen wäre.

Aber es kommt noch Wichtigeres in Betracht.

Bei aller Anerkennung, die den Männern gebührt, die uns auf die bezüglichen Einrichtungen in England verwiesen haben und in uneigennütziger, ja hochherziger Weise bestrebt sind, dieselben in Deutschland heimisch zu machen, darf doch nicht verkannt werden, daß solche Kampfesorganisation auch ihre Schattenseiten hat.

Es soll dabei gar nicht der Zukunft gedacht werden. Denn welches der endliche Ausgang jener großen Bewegung sein wird, in deren ersten Anfängen wir heute stehen, ob sie den Zielen ihrer jetzigen Führer immer treu bleiben oder nach Art früherer ähnlicher großer Bewegungen einst über die ersten Ziele zur Tagesordnung übergehen und bedenklicheren Problemen folgen wird: das kann heute wohl noch von Niemand überblickt werden.

Ich gedenke hier nur der Gegenwart. Und für diese scheint mir, zumal wenn ich, so weit ich Einsicht hierin habe, die bezüglichen deutschen und schweizerischen Verhältnisse vergleiche, Das jedenfalls unzweifelhaft, daß durch jene Organisation der Classengegensatz, wo er noch schlummert, geweckt, und wo er besteht, zeitweilig jedenfalls erheblich erhöht und verschärft wird. Nun mag man das als nothwendiges Uebergangsstadium bezeichnen, gleichsam — um ein altes Wort von 1789 zu gebrauchen — als die Kinderkrankheiten der neuen bessern Zeit, denen durch die auf Grund der Organisation einzuführenden Schiedsgerichte und Einigungsämter wieder abgeholfen werden soll — jede unnöthige Verschärfung des Gegensatzes wird jedenfalls zu meiden sein. Und solche unnöthige und sehr bedenkliche Steigerung der Gegensätze muß meines Dafürhaltens überall da eintreten, wo die Arbeitnehmer mit Mühe und Kosten aller Art, mit oft vergeblich aufgewandten sehr bedeutenden Geldopfern, ja mit Einsetzung ihrer eigenen mühseligen Existenz und der ihrer Familien Das sich erringen müssen, wovon die allgemeine Stimme sagt: Es gebührt ihnen von Rechtswegen, es müßte schon an sich so sein.

Wenn — um nur ein Beispiel zu gebrauchen — die Arbeiter sich in der gedachten Weise erst erstreiten müssen, daß in jenen Fabrikreglements nicht Bestimmungen vorkommen, die wie die bekannten Visitationsvorschriften — ihre Ehre täglich kränken, daß darin nicht Bußen vorgesehen sind, die nach der Willkür der Aufseher ihre Existenz in jedem Augenblick zu der eines Vogels auf dem Dache machen können, daß den Einrichtungen der Fabriken und Gruben nicht, so zu sagen auf der Stirn geschrieben steht, wie der Unternehmer seinen Geldbeutel höher stellt, als Leben und Gesundheit der Arbeiter, wenn alles Das erst mit Opfern der gedachten Art errungen werden muß: so muß gerade durch die hierin liegende Kränkung des Rechtsgefühls der Arbeiter die Steigerung der Leidenschaften besonders groß werden. Und alle gerühmten Vorzüge des Selbsterringens müssen in solchen Fällen vor den großen Unzuträglichkeiten des Kampfes weit zurücktreten.

Wo es gilt, dem, was an sich unzweifelhaft billig und recht erscheint, Boden zu schaffen — da darf meines Dafürhaltens die Staatsgewalt ihres schon zum Ueberdruß ihr nachgesagten ethischen Berufs nicht der Art uneingedenk sein, daß sie erst ängstlich prüft, ob etwa im Kampf die Arbeitnehmer sich selbst das Nothwendige zu erringen vermögen, sondern da hat sie meines Dafürhaltens unmittelbar einzuschreiten!

Und thatsächlich hat man denn auch in demjenigen Lande, das nicht gerade in dem Rufe steht, die persönliche Freiheit besonders zu mißachten, zu dessen schönsten Ruhmeskränzen es vielmehr gehört, daß in ihm, wie in wenig anderen Ländern der Mensch im Menschen geachtet wird, gleichgültig welches sein Kleid ist, das aber ebenso dadurch sich auszeichnet, daß man seit Alters in ihm weniger dem zweifelhaften Phantom des sogen. Nationalreichthums nachstrebt, als nach Menschenkraft und =einsicht bemüht ist, wirkliches Wohlbefinden unter seinen Mitmenschen zu verbreiten — in diesem Lande hat man schon lange ein staatliches Eingreifen in die wirthschaftlichen Verhältnisse auch der erwachsenen männlichen Personen als unzweifelhafte Pflicht angesehen. Und es dürfte nicht zum Geringsten diesem Umstande zuzuschreiben sein, daß daselbst (so weit ich es zu beurtheilen vermag) der Gegensatz zwischen Arbeitgeber und =nehmer und der Klassenkampf im Allgemeinen lange nicht die Schärfe gewonnen hat, wie in einzelnen Theilen Deutschlands. Ist mir doch noch jüngst von sehr glaubwürdiger Seite im Glarner Land versichert worden, wie dort Niederrheinische Fabrikanten sich mit einem gewissen Neide über den daselbst in dieser Beziehung herrschenden Ruhe- und Friedenszustand geäußert haben.

Ich will nun nicht Dessen gedenken, daß in zwei Cantonen der Schweiz, — in Glarus und Basel, dort seit 1864, hier seit 1869 — jener Forderung des Normalarbeitstags genügt ist, welche in weiten Kreisen heute noch als socialistische gilt, und in einem andern Canton, Baselland, die erwachsenen männlichen wie weiblichen Arbeiter wenigstens durch Verbot aller Nachtarbeit beschränkt sind.

Hier interessirt vor Allem, daß es in sämmtlichen Cantonen der Schweiz, die überhaupt Fabrikgesetzgebungen haben — und solche haben alle industriereicheren Cantone der Deutschen Schweiz — Vorschrift ist, daß alle Fabrikreglements der Arbeitgeber polizeilicher Controle unterliegen resp. nur gültig sind, wenn sie zuvor durch die zuständige Behörde geprüft und genehmigt sind, daß vielfach auch vorgeschrieben ist, daß derartige höhern Orts genehmigte Reglements in den Fabriken vorhanden sein müssen, damit was Rechtens sei zwischen Arbeitgeber= und =nehmer unter allen Umständen bekannt und von höherer Genehmigung abhängig sei, daß regelmäßig auch gesetzliche Vorschriften über die zulässige Höhe der im Reglement anzudrohenden Strafen sowie über die Verwendung der letzteren zu Gunsten der Arbeiter-Krankenkassen, =Altersversorgungskassen u. s. w. bestehen, und daß insbesondere nicht nur allgemeine, sondern auch eine Reihe einzelner besonderer Vorschriften betreffs des den Arbeitern in den Fabriken zu gewährenden Schutzes gegen Gefahren für Leben und Gesundheit bestehen, z. B. über die erforderliche Ventilation der Fabrikräume, die Verkleidung resp. Einfriedigung der Triebmaschinen, Transmissionen, Wellbäume, Riemen, die Vergitterung der Treppenöffnungen, Fallthüren, Schachte u. s. w.

In Deutschland ist von alledem so gut wie nichts zu finden.

Abgesehen von dem unzureichenden Truckverbot, auf das sogleich die Rede kommen wird, überläßt die Deutsche Gewerbeordnung den **erwachsenen Arbeiter** ganz und gar **der Fabel vom freien Arbeitsvertrage** und begnügt sich mit der ganz allgemeinen Vorschrift, daß — so lautet der § 107 — jeder Gewerbe-Unternehmer verbunden sei, auf seine Kosten diejenigen Einrichtungen herzustellen und zu unterhalten, welche zur thunlichsten Sicherung der Arbeiter gegen Gefahren für Leben und Gesundheit erforderlich sind. Indessen ist auf die Uebertretung dieser, wie leicht ersichtlich, sehr verschieden auszulegenden Vorschrift nicht, wie in Schweizer Gesetzen mehrfach, Gefängniß- resp. empfindliche Geldstrafe, sondern nur eine Strafe von 10 Sgr. bis höchstens 50 Thlr. gesetzt. Und daß auch diese Bestimmung nicht gefährlich werde — dafür sorgt die ihr zugefügte Clausel, wonach auch jener Strafe nur derjenige verfalle, welcher „**der Aufforderung der Behörde ungeachtet**" jener Vorschrift des § 107 entgegen handelt. Nun hat sich — wie bekannt — bis vor Kurzem kaum irgend eine Behörde um den innern Zustand der Fabriken gekümmert, es war daher auch kaum eine in der Lage, Aufforderungen wie die hier in Rede stehenden an die Unternehmer zu richten, und jener Strafe konnte daher kaum irgend Jemand verfallen, mochte es in den Fabriken noch so traurig in dieser Beziehung aussehen. —

Um auf diesem Gebiete lange Versäumtes nachholen zu können, wird nach alledem also einmal den Fabrikreglements ernste Aufmerksamkeit zuzuwenden und zu prüfen sein, ob nicht gesetzliche Vorschriften angezeigt sind, nach welchen:

1) ebenso wie in der Schweiz, alle Fabrikordnungen vor ihrem Erlaß im Verwaltungswege geprüft und genehmigt sein müssen, resp. nach welchem

2) derartig genehmigte Fabrikreglements in allen Fabriken vorhanden sein müssen, und nach welchen auch

3) die in diesen Ordnungen vorgesehenen Strafen nur Geldbußen bis zu gewisser gesetzlich vorgeschriebener Höhe sein dürfen, und zur Verhütung etwaigen Mißbrauchs dieselben auch niemals im Interesse der Arbeitgeber, sondern nur zu Gunsten der Arbeitnehmer, für Krankenkassen, Altersversorgungskassen oder zu andern etwa von der Behörde zu bestimmenden Zwecken Verwendung finden dürfen.

Ebenso erscheint es sodann dringendste Aufgabe, nicht nur mit Bezug auf Kinder und Frauen, sondern überhaupt **die sanitären Verhältnisse der Fabriken** und die zum Schutz von Leben und Gesundheit der Arbeiter dort getroffenen Einrichtungen einer eingehenden Prüfung zu unterwerfen und festzustellen:

1) in wie weit denn solche Einrichtungen hergestellt sind, welche — wie das Gesetz es vorschreibt — zu thunlichster Sicherung der Arbeiter gegen Gefahren für Leben und Gesundheit nothwendig sind;

2) in welcher Weise, nach Analogie der englischen und schweizerischen Gesetze eine weitere Ausbildung und Präcisirung dieser Vor-

schriften, sowohl im Allgemeinen als bezüglich einzelner mit besonderen Gefahren verbundener Gewerbe stattzufinden hat;

3) ob die jetzt geltende mäßige und principaliter nur auf Geldbuße lautende Strafbestimmung für genügend zu erachten ist, und endlich

4) ob nicht die erwähnte Bestimmung, wonach auch diese Strafe nur bei einem Zuwiderhandeln nach vorgängiger unbeachtet gebliebener „Aufforderung der Behörden" verhängt werden darf, geändert werden muß. —

Schließlich wird dann auch zu prüfen sein, wie weit das bestehende Truckverbot befolgt wird, und ob es nicht zu erweitern ist.

Verboten ist nehmlich nach § 134 der Gewerbe-Ordnung jede Löhnung, welche nicht entweder in Gewährung von Wohnung, Feuerungsbedarf, Landnutzung, regelmäßiger Beköstigung, Arzneien und ärztlicher Hülfe oder aber in „baarem Gelde" erfolgt.

Es ist danach also nicht nur Zahlung in „Waaren", sondern auch z. B. in Coupons, Wechseln, ausländischen Banknoten u. f. w. untersagt. Und doch wird, worüber der Nachweise genug vorliegen, in allen diesen Dingen noch häufig gezahlt.

Zugleich aber hat es sich auch als Bedürfniß herausgestellt, daß manches „baare Geld" von der Zahlung ausgeschlossen werde. Ich erinnere nur z. B. an die österreichischen und holländischen Gulden, die dem Arbeiter nachtheiliger sein können, als gute Coupons u. f. w.

Es wird daher meines Dafürhaltens zu prüfen sein, ob statt der Zahlung in „baarem Gelde" nicht Zahlung in „gesetzlichen Zahlungsmitteln" oder Währung zur Pflicht zu machen ist.

Auf die Forderung des gesetzlichen Normalarbeitstages würde ich dagegen die Enquête zu richten nicht anräthig sein. Ich lege den gegen diese Einrichtung angeführten principiellen Gründen die dem freien „Selbstbestimmungsrecht" des erwachsenen männlichen Arbeiters entnommen sind, nach dem schon Gesagten kein sehr großes Gewicht bei und glaube mich auch überzeugt zu haben, daß sich solche Einrichtung in Glarus und in Basel, wo sie schon längere Zeit besteht, wohl bewährt hat.

Dennoch kann ich wie bemerkt, nicht rathen die zunächst hier in Frage stehende Enquête schon auf diesen Gegenstand auszudehnen, einmal weil in dieser Beziehung im großen Gebiet des Deutschen Reiches jedenfalls besondere Vorschriften für die verschiedenen Gewerbe erforderlich sein werden, und die hierzu erforderlichen Feststellungen den Umfang dieser Enquête der Art vergrößern möchten, daß der Erfolg des Ganzen dadurch in Frage gestellt würde, sodann aber auch, weil zunächst abzuwarten sein dürfte, welche Wirkung es haben wird, wenn dem Gesetze gemäß in der That alle 14—16 jährigen Arbeiter und, wie sogleich vorgeschlagen werden soll, auch alle weiblichen Arbeiter höchstens 10 Stunden täglich arbeiten, und ob sich — bei dem Conner der einzelnen Beschäftigungen mit einander — daraus nicht, ähnlich wie in England ein 10stündiger Normalarbeitstag auch für den erwachsenen männlichen Arbeiter von selbst ergeben wird.

Aus gleichem Grunde scheint es mir ferner auch zunächst entbehrlich, der Frage des allgemeinen Verbots der Sonntags- und der Nacht-

arbeit näher zu treten, welches Verbot, abgesehen von den allgemei=
nen polizeilichen Sonntagsvorschriften — nach der Deutschen Gewerbe=Ord=
nung ebenfalls schon für die unter 16 jährigen Arbeiter besteht.

Dagegen wird die Aufmerksamkeit der Enquêteorgane meines Dafür=
haltens darauf zu lenken sein,

1) ob dieses Verbot, sowie alle übrigen für die 14—16 jährigen
 Arbeiter bestehenden Vorschriften, insbesondere bezüglich der Länge
 der Arbeitszeit und der Arbeitspausen, aus den im vorigen Jahre hier
 hinreichend erörterten Gründen nicht auf alle weiblichen, eventuell
 wenigstens auf die verheiratheten weiblichen Arbeiter auszudehnen sind.

2) ob nicht — nach Analogie ähnlicher Vorschriften in andern Län=
 dern und wie es neuerdings auch von Hirt in dem schon angeführten
 Werke über die Krankheiten der Arbeiter als nothwendig nachgewiesen
 ist — die weiblichen Personen um ihrer Gesundheit willen von einzel=
 nen Gewerben ganz auszuschließen sind; und endlich

3) ob und welcher Vorschriften es bedarf, um den Schwangern
 und Wöchnerinnen in der Zeit vor und nach der Geburt denjenigen
 Schutz zu gewähren, der in ihrem und der Neugebornen Interesse noth=
 wendig ist.

Letzteren Punkt halte ich für sehr erheblich.

Die alte Fabel von der erfreulichen Zunahme der mittleren
Lebensdauer mit steigender Kultur ist wohl gegenwärtig hinreichend
erkannt als Das, was sie war — eine jener optimistischen Täuschungen,
denen sich Diejenigen so gern hingaben, welche die fortschreitende Zunahme
allgemeinen Wohlbefindens als nicht zu bezweifelnde Thatsache ansahen.
Heute wissen wir, daß der bisher vorzugsweise beliebte Weg zur Berech=
nung jener mittleren Lebensdauer, nach welchem Letztere mit dem Durch=
schnittsalter der Gestorbenen identificirt wird, ein irriger ist. Dieses
Durchschnittsalter ist natürlich abhängig von der Zahl der Kinder
und unerwachsenen Personen, insbesondere mithin von der Zahl der Ge=
burten. Wo Viele geboren werden und also verhältnißmäßig Viele in
niedrigem Alter stehen, da muß auch das Durchschnittsalter der Ge=
storbenen klein sein, wo verhältnißmäßig wenig Geburten sind, muß dasselbe
groß sein. Und deshalb ist es z. B. in Frankreich größer, als in Deutsch=
land, und hier wie dort zur Zeit größer, als vor Jahrzehnten, als die
Zahl der Geburten eine relativ größere war. Aber für die Gestaltung
der mittleren Lebensdauer ist damit nichts erwiesen. Sie festzu=
stellen und für verschiedene Zeiträume mit einander zu vergleichen, gebricht
es uns durchaus an Material und wird voraussichtlich noch lange an sol=
chem gebrechen.

Ein Einziges nur kennen wir auf diesem Gebiete: die Absterbeordnung
der Menschen in ihren ersten Lebensjahren. Und diese zeigt uns
— entgegen allen früheren Annahmen — eine sehr bedenkliche Neigung
zu immer ungünstigerer Gestaltung in den verschiedensten Ländern.

Durch Berechnungen, die unabhängig von einander zu etwa derselben
Zeit in England, Frankreich, Preußen, Baiern, Baden, Würtemberg, der

Schweiz u. s. w. gemacht sind, ist constatirt, daß seit Jahrzehnten schon eine fortschreitend immer geringer werdende Zahl von Kindern in diesen Ländern Aussicht hat, das erste, zweite, dritte Lebensjahr u. s. w. zu überschreiten.

In Preußen z. B. überlebten das erste Jahr von je 1000 Gebornen
der Jahre 1816—20 noch 836, dagegen
von 1000 Gebornen „ „ 1820—30 nur 832,
„ 1000 „ „ „ 1830—40 „ 823,
„ 1000 „ „ „ 1840—50 „ 821,
„ 1000 „ „ „ 1850—58 „ 811,
„ 1000 „ „ „ 1859—63 „ 800.

Und das dritte Jahr überlebten von je 1000 Gebornen
der Jahre 1816—20 noch 757, dagegen
von 1000 Gebornen „ „ 1820—30 nur 749,
„ 1000 „ „ „ 1830—40 „ 732,
„ 1000 „ „ „ 1840—50 „ 726,
„ 1000 „ „ „ 1850—58 „ 718 u. s. w.

So war es im Durchschnitt der preußischen Monarchie. Im Einzelnen, insbesondere in den größeren Städten gestaltete sich das Verhältniß noch erheblich ungünstiger, so z. B. für Königsberg i. Pr. dahin, daß das erste respective dritte Lebensjahr überschritten von 1000 Gebornen
der Jahre 1819—23 : 810 respective 712,
„ „ 1824—28 : 778 „ 664,
„ „ 1829—33 : 758 „ 629, (Cholerajahr 1831!)
„ „ 1834—38 : 776 „ 666,
„ „ 1839—43 : 766 „ 649,
„ „ 1844—48 : 732 „ 622, (Theuerungsjahr 1847!)
„ „ 1849—53 : 739 „ 592,
„ „ 1854—58 : 700 „ 567.
„ „ 1859—64 : 695.

Aehnlich hat auch die Kindersterblichkeit in der Schweiz zugenommen.

In Basel z. B. überlebten im dritten und vierten Jahrzehnt dieses Jahrhunderts noch etwa 879 von je 1000 Gebornen das erste Lebensjahr, im folgenden Jahrzehnt nur noch etwa 830 und z. B.:
in den Jahren 1860—65 nur 802,
„ „ „ 1866—70 nur 783.

Welches die Ursachen dieser, übrigens noch durch Detailstudien eingehender darzulegenden Erscheinung sind, steht noch nicht fest. Indessen dürfte unter den verschiedenen dafür geltend gemachten Gründen der erheblichste der sein, daß im Laufe der neueren Zeit die Frau immer mehr ein nothwendiger Faktor zum Unterhalt der Arbeiterfamilie geworden ist, und dadurch der Mutter mehr als früher die erforderliche Zeit zur Pflege ihrer selbst und ihres Kindes vor und nach der Entbindung gekürzt wird.

Als das Geschäft von Jean Dollfuß in Mülhausen, welches in den sechsziger Jahren 11—1200 weibliche Arbeiter beschäftigte, Anordnung traf, daß die Schwangeren und Wöchnerinnen unter Denselben im Ganzen 6 Wochen vor und nach ihrer Niederkunft ihren Lohn ausgezahlt erhielten, ohne in dieser Zeit zu arbeiten, sank die Kindersterblichkeit der Art, daß von je 100 Kindern jener Arbeiterinnen etwa 75, statt wie bisher nur etwa 62—64 das erste Lebensjahr überschritten. Aehnliche Erfahrungen sind an andern Orten gemacht. Und es erklärt diese Erscheinung zugleich, warum es insbesondere die Gegenden der, viele weibliche Arbeiter beschäftigenden Textilindustrie sind, die sich durch große Kindersterblichkeit auszeichnen, so Mülhausen früher in Frankreich, so Sachsen und Schlesien in Norddeutschland u. f. w.

Ueberleben doch im Regierungsbezirke Breslau durchschnittlich nur 74, im Regierungsbezirk Liegnitz durchschnittlich nur 73 von 100 Gebornen das erste Lebensjahr, während im Durchschnitt des preußischen Staats, wie schon bemerkt ist, etwa 80, im Regierungsbezirk Arnsberg, dem alten Sitze der wenig Frauen beschäftigenden Metallindustrie sogar etwa 86—87 von je 100 dieses Loos zu Theil wird.

Und in den eigentlichen Weberdistrikten Schlesiens, in den Kreisen Waldenburg, Bolkenhain, Landshut, Hirschberg u. f. w. sieht es am traurigsten aus. In Hirschberg überlebten im Durchschnitt der Jahre 1850—65 nur 64—65, in Landshut nur 63 von 100 Gebornen das erste Lebensjahr u. f. w.

In der Schweiz hat man deshalb zum Schutz der weiblichen Fabrikarbeiter zur Zeit ihrer Schwangerschaft und Geburt mehrfach besondere Bestimmungen erlassen, theils dahin gehend, daß sie eine gewisse Zeit vor und nach ihrer Niederkunft nicht arbeiten dürfen, theils dahin, daß es ihnen wenigstens gestattet sein soll, in solcher Zeit eine gewisse Reihe von Wochen die Arbeit auszusetzen.

Für Deutschland fehlen, wie es nach dem Bisherigen nicht Wunder nehmen kann, derartige Bestimmungen ganz und gar. Daß sie aber auch hier nothwendig sind, und daß es sich hierbei auch um einen Gegenstand von sehr großer Wichtigkeit, sowohl für die gegenwärtige, wie für die zukünftige Generation handelt, dürfte nach dem Gesagten a priori zuzugeben sein. Aufgabe der Enquête wird es aber sein müssen, diesen Gegenstand näher zu untersuchen und geeignete Mittel zur Abhülfe vorzuschlagen. — Damit ist das Capitel von den Objekten dieser Enquête beendigt.

Es bleibt nun, bevor ich zur Behandlung der Schlußfrage nach der Organisation derselben übergehe, noch die Vorfrage zu lösen:

auf welchen Kreis von Arbeitern sich dieselbe überhaupt zu erstrecken haben wird: ob nur auf die in Fabrik, Berg- und Hüttenwerken Beschäftigten oder auch auf die Arbeiter in Handwerk und Hausindustrie.

Trotz mancher entgegenstehenden Bedenken, die ich nicht gering schätze, entscheide ich mich für die erstere Alternative; nicht nur deshalb, weil im Wesentlichen — was also namentlich die Arbeit jugendlicher Personen betrifft — unsere jetzt geltende Gewerbeordnung sich auf diesem Stand-

punkt befindet, sondern insbesondere auch einmal weil die Gesammt=
heit der hier in Rede stehenden Gefahren, also die zu große Abhängigkeit
der Arbeiter vom Unternehmer und die Gefahr für die Gesundheit und
Sittlichkeit insbesondere der jugendlichen und weiblichen Arbeiter im großen
Durchschnitt im Handwerk und der Hausindustrie nicht so bedeutend
ist als in den größeren Anstalten und andrerseits, weil zu befürchten
steht, daß, wenn die Enquête sich zugleich auf Handwerk und Haus=
industrie erstreckte, sie einen Umfang gewinnen müßte, der eine so rasche
Durchführung derselben, wie sie hier erstrebt werden muß, zur Unmög=
lichkeit machen würde.

Wenn man einwendet, daß manches Handwerk — wie Schlosser=,
Schmiede=, Böttcher=, Tischler=, Zimmermannsarbeit u. s. w. größere
Anforderungen an die Kräfte der Arbeitenden stelle, als die Arbeit
an der Maschine in der Fabrik, so ist dieser Einwand offenbar ganz
unerheblich. Wo wirkliche Kraftanstrengung erfordert wird, ist auf dem
hier in Rede stehenden Gebiete — so paradox dies klingen mag — die
Gefahr der Ueberanstrengung am geringsten. Denn diese zehrt eben die
Kraft auf und verbietet sich sonach sehr bald von selbst. Wo aber
wenig Kraft erfordert wird, wo die Kinder ganz ermüdet, halb im
Schlafe noch fortarbeiten können, wie in den Fabriken der Textilindustrie
— da ist jene Gefahr am größten. Und es ist sicherlich nicht Zufall,
daß gerade von dieser Industrie die gesetzlichen Bestimmungen über
Kinder= und Frauenarbeit im Allgemeinen ihren Ausgang genommen
haben.

Dazu treten einerseits die besonderen Gefahren der Maschinen,
anderseits der unaufhörliche, keine Rast gewährende Zwang, den
die unermüdet fortarbeitende Maschine auf den Arbeiter ausübt. Nicht
mit Unrecht konnten die Thurgauer Arbeiter bei der Thurgauer Gesetzes=
reform von 1867 sagen:

Der Handwerker ist dem Fabrikarbeiter gegenüber noch insofern ein
wahrer Freiherr, als er ja nach Bedürfniß Pausen machen, Luftveränderungen
vornehmen kann u. s. w., was alles wir nicht können.

Insbesondere aber scheinen mir nach Allem, was ich darüber in Er=
fahrung gebracht habe, die Gefahren für die Sittlichkeit, namentlich
für die sittliche Vergiftung der Jugend da am größten zu sein, wo —
wie in Fabriken — Massen von Arbeitern, Männer, Frauen, Mädchen
und Knaben zusammen arbeiten, zusammen speisen, oft zusammen wohnen,
und andernfalls zusammen von und nach der Fabrik wandern, unterwegs
gemeinschaftlich die Wirthshäuser aufsuchen u. s. w.

In dieser Beziehung haben uns die Schweizerischen Enquêten und
Gesetzesmotive in der That traurige Bilder aufgerollt, auf die hier nicht
weiter eingegangen werden soll.

Jedenfalls aber steht es mit alledem im Zusammenhang, daß weder
in irgend einem Schweizer Canton, noch in Frankreich, noch in Oesterreich,
noch in irgend einem der früheren deutschen Gesetze, noch endlich wie
bemerkt in der gegenwärtigen deutschen Gewerbeordnung von einem

Schutz anderer Arbeiter, als derjenigen in Fabriken, Berg= und Hüttenwerken die Rede ist.

Ein einziges Gesetz der Schweiz, das Aargauische ermächtigt die Regierung zum Erlaß schützender Vorschriften gegen ungebührliche Verwendung von Kindern außer Fabriken. Aber von dieser Ermächtigung hat man sich bisher nicht veranlaßt gesehen, Gebrauch zu machen. Und ebenso wurde es in Baden im Jahre 1869 zuerst von der I. und dann von der II. Kammer abgelehnt, die auf die Fabrikarbeit bezüglichen Vorschriften auf die Werkstättenarbeit auszudehnen, desgleichen sprach sich z. B. in den 50er Jahren die preußische Regierung zu Minden auf eine bezügliche Anfrage von oben her dahin aus, daß zu solcher Ausdehnung kein Bedürfniß vorläge u. s. w.

Mit alledem soll natürlich keineswegs bestritten werden, daß im Einzelnen nicht auch im Handwerk und insbesondere in der Hausindustrie schwer wiegenden Mißbräuchen und Uebelständen Abhülfe zu schaffen sein wird. Aber auf dem bisher beliebten generellen Wege weiter vorzugehen und nunmehr die auf die Fabrikarbeiter bezüglichen Vorschriften auf alle anderen industriellen Arbeiter auszudehnen, würde schon an sich nicht räthlich sein.

Abhülfe wird da nur auf dem Wege der besonderen Gesetzgebung für besondere Gewerbe zu erwarten sein. Und für diese Specialgesetzgebung das Material zugleich bei der hier in Rede stehenden Enquête sammeln zu wollen, hieße des Guten zu viel auf einmal verlangen und hieße, wie oben schon angedeutet wurde, das, was im Anschluß an das Bestehende in Kürze zu erreichen wäre, auf lange Zeit verzögern und hinausschieben.

Auch wolle man wohl beachten, daß, wenn über das Gebiet der Fabriken hinausgegangen werden wird, diese Reform selbst mit unverhältnißmäßig großen Schwierigkeiten der Ausführung und der Ausführungskontrolle zu kämpfen haben wird. Schon für die Fabriken ist die Ausführung der Gesetze bisher nicht zu erreichen gewesen. Wie viel größer werden die Schwierigkeiten aber werden, wenn das Handwerk der Controlle mit unterstellt werden sollte! und zu welchen sehr bedenklichen Eingriffen in die Rechte des Hauses und der Familie könnte es führen, wenn auch die Hausindustrie stetig beaufsichtigt werden sollte!! Was ein Fabrikant von St. Gallen kürzlich versicherte: Die Behörden dieses Cantons dürften nie wagen, ein Gesetz zu erlassen, das so tief in die Familienverhältnisse eingreifen würde, wie eine fabrikgesetzliche Beschränkung der Hausindustrie, selbst wenn offen kundige Schäden vorlägen — dürfte wohl auch außerhalb dieses Cantons von Bedeutung sein.

Ich kann nach alledem also eine Ausdehnung der Enquête über das Gebiet der Fabriken, Berg= und Hüttenwerke und Gruben hinaus zunächst wenigstens nicht empfehlen.

Nun bleibt freilich der Einwand, daß der Begriff der Fabrik selbst ein unbestimmter sei und daß daher um Willkür zu vermeiden, nichts übrig bleiben werde, als durch starre Zahlenvorschrift z. B. festzusetzen: eine Anstalt mit 10 oder mit 20 Arbeitern sei Fabrik, darunter nicht.

An sich ist dieser Einwand richtig. Ohne solche Zahlenvorschrift kommen wir nicht zu fester Gesetzesnorm. Erwägt man jedoch, daß ebenso starre Zahlenvorschrift entscheidet, ob Jemand zum Soldaten tauglich ist oder nicht, ob man auf seinem Grundstück sich Festungsrayonbestimmungen zu unterwerfen hat oder nicht, ob man z. B. in Preußen classensteuerfrei oder =pflichtig ist u. f. w. — kurz, daß es einmal im Allgemeinen zu den Unvollkommenheiten des praktischen Lebens überhaupt gehört, ein „bis hieher und nicht weiter" in starrer Ziffer ausdrücken zu müssen, um die noch größere Gefahr wechselnder subjektiver Willkür zu vermeiden, so wird man auch jenen Uebelstand nicht unerträglich finden können.

Aus Gründen, welche darzulegen hier zu weit führen würde, ist indessen zu empfehlen, die bezügliche Ziffer für die hier in Rede stehende Enquête nicht zu hoch zu greifen, sondern sie nach dem Vorgange des Aargauer Gesetzes von 1862, des französischen Gesetzentwurfs von 1847 und der eidgenössischen Aufnahmen von 1870 auf 10 festzustellen, so daß also nur diejenigen gewerblichen Etablissements in Betracht kämen, welche in den Anstalten selbst und den dazu gehörigen Höfen und Plätzen (resp. Gruben und Bergwerken) 10 oder mehr Arbeiter beschäftigen. —

Danach bleibt nun zum Schluß nur noch die Frage nach der Organisation der Enquête zu erledigen.

Unbedenklich erscheint mir, daß dieselbe nicht allein von Behörden durchzuführen ist, — die Erfahrungen, die in dieser Beziehung insbesondere in Frankreich und Belgien gemacht sind, sind zu trübe —, unbedenklich auch, daß sie nicht allein von Privaten, geschehen kann, sondern diese unter amtlicher und zwar reichsamtlicher Leitung zu fungiren haben werden, da es sich hier ja um einen Gegenstand einheitlichen deutschen Rechts handelt, und nur durch amtliche Mitwirkung allgemeine und gleichmäßige Aufnahmen verbürgt werden können.

An der Spitze müßte also ein Beamter der Reichsbehörde, ihm zur Seite aber eine Commission stehen, die zum Theil wenigstens aus Reichstagswahlen hervorzugehen hätte, und bei der auf etwa gleichmäßige Vertretung von Arbeitnehmern und =gebern Gewicht zu legen wäre.

Für die Ausführung selbst bieten sich dann freilich zwei Wege:

Zunächst könnten in Analogie des bekannten englischen Verfahrens einige wenige, besonders hiezu geeignete Persönlichkeiten mit der Aufgabe betraut werden, so zu sagen, Spezialstudien über die in Frage stehenden Objecte vorzunehmen, sich überall dahin zu begeben, wo sie über den einzelnen Gegenstand Nachricht gewinnen können, und dort durch eigene Besichtigung und Prüfung, sowie durch Erfordern von Gutachten und Nachrichten, Vernehmen und Confrontiren von Zeugen u. f. w., der Sache thunlichst auf den Grund zu gehen. Und dieser Weg hätte in Bezug auf Tiefe und Zuverlässigkeit der Erkenntniß, sowie auf Farbenfrische der zu gewinnenden Nachrichten jedenfalls große Vorzüge, die in England oft erprobt sind. Ich glaube auch, daß er im vorliegenden Falle bezüglich mancher Fragen nicht zu entbehren sein wird, z. B. dann, wenn es sich darum handelt, von gewissen Gewerben um ihrer Schädlichkeit willen jugendliche oder weibliche Personen ganz auszuschließen, für die weiblichen oder doch die verheiratheten weiblichen Arbeiter einen Normalarbeitstag festzusetzen, zu diesem Zwecke die Mißstände festzustellen, welche sich in Bezug auf Sittlichkeit und Familienleben aus der Frauenarbeit ergeben haben u. s. w.

Aber allein genügen kann jener Weg meines Dafürhaltens nicht.

Wenn wir uns wirklich darüber unterrichten wollen: Wie sieht es heute in den Fabriken aus? in welchem Umfange wird thatsächlich den bestehenden Vorschriften genügt? wie viel Kinder unter zwölf Jahren finden noch Beschäftigung in denselben? wie groß ist die Zahl der 12—14 jährigen Arbeiter, die durch die vorgeschlagene Erhöhung des Normaljahrs betroffen würden? welche Einbuße an Lohn würde sich aus ihrer Ausschließung für die betheiligten Familien ergeben? in welchem Umfange werden die Vorschriften bezüglich der 14—16jährigen Arbeiter beachtet? wie viel weibliche resp. verheirathete Arbeiter würden betroffen, wenn auf sie die für jene gegebenen Vorschriften Anwendung fänden? wie viele weibliche Arbeiter arbeiteten bisher des Nachts? wie viele würden also durch solche Ausdehnung in ihrem Erwerbe gekürzt werden u. s. w.: so können in allen diesen Fällen Spezialstudien der gedachten Art keinen hinreichenden Aufschluß geben.

Dazu bedarf es planmäßiger, bezirksweise vor sich gehender Aufnahmen durch das ganze Reichsgebiet.

Und nur durch solche würde auch der Gefahr vorgebeugt werden, daß nicht dem Vorgehen jener Specialkommissare der Einwand entgegengestellt werden könnte, sie verführen nach Willkür, sie suchten sich die Objekte zu ihren Spezialstudien in parteiischer Weise so aus, wie dieselben am besten zu ihren vorgefaßten Meinungen paßten u. s. w.

Jene generellen örtlichen Aufnahmen müßten aber ebenfalls unter Zusammenwirken von Privaten und Beamten erfolgen, unter den Ersteren müßten Arbeitgeber und Arbeitnehmer in etwa gleicher Zahl vertreten sein, neben ihnen als Sachverständige Aerzte, Lehrer und eventuell auch Bau= und Maschinentechniker fungiren, und als Beamter der Inhaber der ortspolizeilichen Gewalt oder die etwa schon in Thätigkeit befindlichen Fabrikinspektoren (resp. die bezüglichen Bergbehörden) den Vorsitz führen, wonach denn auch die Aufnahmebezirke im Anschluß an die bestehenden Ortspolizeibezirke abzugrenzen wären. Letzteres ist nehmlich insbesondere deshalb nothwendig, damit die in Rede stehenden Commissionen sich unter allen Umständen — auch widerwilligen Unternehmern gegenüber Zutritt in die zu besichtigenden Etablissements verschaffen können. Ohne den Rückhalt der ortspolizeilichen Gewalt könnten die Commissionen hierbei leicht auf Widerstand stoßen, der im Verwaltungswege nicht zu beseitigen wäre. Mit solchem Rückhalt aber würde ihre Befugniß zur Revision und Besichtigung der Fabriken nach § 132 der Gewerbeordnung keinem Zweifel unterliegen. Daraus folgt jedoch keineswegs, daß nun Ortspolizei= und Aufnahmebezirke immer zusammenfallen müßten. Je nach Bedürfniß werden z. B. in den großen Städten innerhalb eines Ortspolizeibezirks mehrere Commissionen zu bilden sein und andererseits in weniger industriereichen

Gegenden einer Commission eventuell unter wechselndem Vorsitz, die Geschäfte in mehreren Ortspolizeibezirken übertragen werden können.

Wenn schließlich aber eingewandt werden sollte, daß es derartige generelle Aufnahmen, wie der eben gedachten, nicht bedürfe, da der in Vorbereitung begriffenen allgemeinen deutschen Gewerbestatistik die Beschaffung des hier in Rede stehenden Materials überlassen werden könnte, so ist bei solchem Einwande nicht hinlänglich gewürdigt:

1) daß wir die Resultate der in Aussicht genommenen, sehr umfassenden deutschen Gewerbestatistik erst sehr spät, ja, wie nach den Angaben der bezüglichen Denkschriften anzunehmen sein dürfte, kaum vor den Jahren 1878 oder 1879 zu erwarten haben, was für die hier in Rede stehenden Untersuchungen ein zu später Termin wäre, sodann

2) daß jene Statistik es nach den eben erwähnten Denkschriften, bereits selbst so zu sagen, abgelehnt hat, manche für die hier in Rede stehenden Zwecke sehr erhebliche Punkte neben ihren zahlreichen sonstigen Objekten in Betracht zu ziehen, z. B. die Lohnverhältnisse festzustellen, und insbesondere

3) daß die Art der Erhebung gewerbestatistischer Nachrichten und der hier in Rede stehenden Nachrichten eine durchaus verschiedene sein muß. Jene sollen bei der in Aussicht genommenen deutschen Gewerbestatistik durch an Unternehmer versandte Fragebogen eingesammelt werden. Und dieser Weg ist dort gewiß ganz angebracht. Aber er paßt durchaus nicht für die hier in Rede stehenden Aufnahmen. Da bei diesen Classeninteressen in Frage stehen, so müssen bei ihnen Arbeitnehmer und -geber zusammenwirken, wenn nicht Schlimmeres als nichts, nehmlich falsche Bilder zu Stande kommen sollen.

Es kann also nach alledem eine Verschmelzung der hier in Rede stehenden Aufnahmen mit der deutschen Gewerbestatistik durchaus nicht empfohlen werden, und es wird für die Ausführung jener der Weg genereller örtlicher Erhebung nicht entbehrt werden können.

Nur durch Verbindung solcher Erhebung mit Spezialuntersuchungen der vorhin gedachten Art wird es gelingen, ein Werk zu vollbringen, das des deutschen Namens würdig und im Stande ist, der hohen Bedeutung der Aufgabe zu genügen, deren Verfolgung Ihnen Allen nicht warm genug an's Herz gelegt werden kann. — — (Lebhafter, lang anhaltender Beifall.)

Ich erlaube mir nach alledem der hochgeehrten Versammlung folgende Resolutionen vorzuschlagen.

Ich beantrage, daß sich diese Versammlung dafür ausspreche:

1. daß im Geltungsgebiet der deutschen Gewerbeordnung eine Enquête darüber veranstaltet werde,
    a) in welchem Umfange und aus welchen Gründen den Vorschriften der §§ 128 ff. der Gewerbeordnung entgegen gehandelt werde;
    b) ob und in welchen Fristen das Verbot des § 128 Absatz 1 auf

jugendliche Personen bis zum vollendeten 13. und 14. Jahr ausgedehnt werden könne;

c) ob es sich zur Erleichterung der Aufsicht empfehle, Anfangs- und Endzeit der Arbeit jugendlicher Personen im Gesetze näher zu bestimmen, und in welcher Weise dies zu geschehen hätte;

d) ob die Bestimmungen der §§ 129 und 150 a. a. O. dahin zu erweitern seien, daß die Arbeitgeber in den von ihnen zu gewährenden Arbeitspausen Arbeit auch nicht dulden dürfen;

e) in welchen Gewerben und Beschäftigungen jugendlichen und resp. weiblichen Personen das Arbeiten ganz oder vor Erlangung eines gewissen Lebensalters durch Gesetz zu verbieten oder seiner Dauer nach zu beschränken sei, und ob die Befugniß zum wenigstens vorläufigen Erlaß derartiger Bestimmungen auch Verwaltungsbehörden einzuräumen sei;

f) ob und in welchen Fristen die auf die 14—16jährigen Personen bezüglichen Vorschriften auf alle weiblichen oder doch auf die verheiratheten weiblichen Arbeiter auszudehnen seien;

g) ob und in welcher Weise gesundheitsschädliche Arbeit der Schwangern und Wöchnerinnen zu verhüten sei;

h) in welcher Weise der Vorschrift des § 107 a. a. O. entsprochen wird, nach welcher die Gewerbeunternehmer alle zu thunlichster Sicherung der Arbeiter gegen Gefahr für Leben und Gesundheit nothwendigen Einrichtungen herstellen und unterhalten sollen, und durch welche Spezialbestimmungen diese Vorschrift aus Rücksicht auf die mit einzelnen Gewerben und Thätigkeiten verbundenen besonderen Gefahren zu ergänzen sei;

i) ob die Bestimmung des § 148, Absatz 10 genüge, nach welcher Zuwiderhandlungen gegen die Vorschrift des § 107 nur mit Geldbuße von 10 Sgr. bis 50 Thaler und nur dann bestraft werden, wenn sie „der Aufforderung der Behörde ungeachtet" erfolgen;

k) ob ein Bedürfniß vorliege die Fabrikreglements einer Aufsicht zu unterwerfen, etwa in der Weise, daß sie nur nach Genehmigung gewisser Behörden Geltung erlangen, daß ohne ein in dieser Weise genehmigtes Reglement in Fabriken nicht gearbeitet werden darf, daß die in den Reglements vorgesehenen Strafen nur Geldstrafen bis zu gewisser Höhe sein dürfen und dieselben auch nur zu gewissen von dem Gesetz resp. der Aufsichtsbehörde zu bestimmenden Zwecken Verwendung finden dürfen; endlich

l) in welchem Umfange gegen die Bestimmung der §§ 134 ff. a. a. O. gefehlt werde, und ob dieselben dahin zu ergänzen seien, daß statt der „Baarzahlung" Zahlung in gesetzlichen Zahlungsmitteln (Währung) vorgeschrieben werde;

2. Daß mit dieser Enquête auch diejenigen Aufnahmen über die Zahl, die Arbeitszeit und die Löhne der weiblichen und männlichen Arbeiter in den verschiedenen Altersclassen verbunden werden, welche zur Förderung der ad 1 gedachten Untersuchungen nothwendig erscheinen;

3. Daß jedoch alle diese Untersuchungen und Aufnahmen sich zunächst nur auf diejenigen Fabriken, Berg- und Hüttenwerke, Brüche und Gruben zu erstrecken haben, welche in den betreffenden Anstalten und den dazu gehörigen Höfen und Plätzen wenigstens 10 (weibliche oder männliche) Arbeiter beschäftigen;
4. Daß dieselben von einer unter Mitwirkung des Reichstags einzusetzenden Centralcommission zu **leiten** seien, in welcher unter amtlichem Vorsitz Arbeitgeber und -nehmer in etwa gleicher Zahl Vertretung haben;
5. Daß die **Ausführung** aber **theils** durch Localcommissionen zu erfolgen habe, in denen neben dem leitenden Beamten und den in etwa gleicher Zahl vertretenen Arbeitgebern und -nehmern auch Sachverständige (Aerzte, Lehrer, Bau- und Maschinen-Techniker) fungiren, **theils** durch Specialcommissare, welche mit der besonders eingehenden Untersuchung bestimmter einzelner Fragen von der Centralcommission zu betrauen wären.

Printed by Libri Plureos GmbH
in Hamburg, Germany